Unsere Welt ist voller Farben

Ein Kunst- und Farbenprojekt für Kinder unter 3 Jahren

Kinderkrippe
Luise Habermaaß

In der Kinderkrippe der
HABA Firmenfamilie entwickelt

Inhaltsverzeichnis

Seite

Rot, Grün, Blau oder Gelb
alles passt in deine Welt

Einleitung

Projektarbeit für Kinder unter drei Jahren?

Die vorliegende Projektdokumentation ist ein eindeutiges Plädoyer für Projektarbeit in der Krippe. Wir meinen damit eine geplante, zeitlich begrenzte Beschäftigung mit einem einzelnen Thema, das interdisziplinär angegangen wird. Dabei wird die Projektarbeit dem Alter und Entwicklungsstand der Kinder so angepasst, dass weder eine Über- noch eine Unterforderung entsteht.

Kinder sollen mit Situationen konfrontiert werden, in denen sie kognitive, soziale, motorische und emotionale Kompetenzen erwerben und für ihre Entwicklung wichtige Erfahrungen machen können. Der Begriff "Projekt" leitet sich übrigens vom lateinischen "proiectum" ab, was soviel heißt wie "nach vorn geworfen".

Ziel eines Projekts ist also erstens, den Kindern themengebundene Erfahrungen zu ermöglichen und zweitens, sie damit in ihrer Entwicklung nach vorn zu bringen.

Beatrix Hirsch ist leitende Erzieherin in der Kinderkrippe Luise Habermaaß.

Wie sieht die Praxis aus?

Unser Plädoyer will Erzieherinnen, Erzieher und auch Eltern sensibilisieren und ihnen durch ein Beispiel aus der Praxis Projektarbeit näher bringen.

Das Projekt "Im Farbenrausch" startete in der Kinderkrippe Luise Habermaaß. Die Idee entstand aus der einfachen Tatsache heraus, dass Kinder beim Malen und Bilderbuch betrachten versuchten, die Farben zu benennen. Zusammen mit dem Wunsch, den Kindern die Welt der Farben näher zu bringen, stand schon bald fest, daraus ein eigenes Projekt zu machen.

Projektplanung

Vorraussetzung für ein gutes Ergebnis

Vor Beginn des Projektes setzten sich alle pädagogischen Mitarbeiterinnen intensiv mit dem Thema auseinander. Arbeitsinstrumente wie Brainstorming und Mindmapping waren bei der Vorbereitung des Projektes sehr hilfreich.

Hier einmal eine Auswahl von Fragen, die man in den Raum stellen könnte:
- Welche Lieder, Spiele, Gruppenaktivitäten passen zum Thema?
- Welche Bildungsbereiche werden angesprochen - sind sie altersadäquat?
- Wer übernimmt welche Bereiche und Aktionen?
- An welchen Stellen können Vernetzungen hergestellt werden?

Je nach Interesse können sich Erzieher/innen so individuell einbringen. Die Aktionen wurden den Bildungsbereichen zugeordnet und an einer Pinnwand ausgestellt. Ein Zeitplan sollte dabei nicht vergessen werden. Die Ziele sollten ebenfalls klar formuliert werden.

Die Zielformulierung

Das Projekt „Im Farbenrausch“ soll:
- den Kindern die Umwelt und Natur mit allen Sinnen näherbringen
- die Ausdauer und Konzentrationsfähigkeit spielerisch und lustbetont ausbauen
- die Kinder befähigen, ihre eigene Kreativität, ihre Gefühle und Gedanken zeigen und mitteilen zu können
- die Freude am Arbeiten in der Gruppe erlebbar machen und der gegenseitigen Unterstützung dienen
- die Möglichkeit schaffen, Farben und Formen aktiv zu erforschen und kennen zu lernen
- das Selbstbewusstsein durch sichtbare Ergebnisse stärken
- die Kinder in die Welt der Kunst einführen und den Kindern Künstler und ihre Werke näher bringen

Projektdurchführung

Endlich geht es los!

In der Projektplanung wurde nun ein Thema festgelegt, das die Gruppe begeistert. Im Team haben wir Ideen erarbeitet, Ziele abgesteckt und einen Zeitplan festgelegt. Jetzt wollten alle ihre Pläne sofort in die Tat umsetzen.

Soweit die Theorie, die in der Praxis zwar nicht vergessen, aber doch flexibel bleiben muss:

Unser Projekt "Im Farbenrausch" erstreckte sich über ca. sechs Monate. Der Zeitraum ist für Krippenkinder recht lang. Ein Grund dafür waren die Eingewöhnungszeiten neuer Kinder, die erst in die Gruppe und an die Projektinhalte herangeführt werden mussten. So gab es Zeiten, an denen sehr intensiv am Projekt gearbeitet wurde und Zeiten, in denen das Thema etwas hinten angestellt werden musste.
Darauf sollte man sich einstellen, das Projekt trotzdem nie aus den Augen verlieren und vor allem den Kindern die Zeit geben, die sie zum Mitmachen, Gestalten und Umsetzen brauchen!

Alle Aktivitäten können innerhalb der Tagesstruktur umgesetzt werden, d.h. für das Projekt "Im Farbenrausch", dass die Themen Kunst und Farbe sich durch das Freispiel über den Morgenkreis bis hin zum Spielen im Garten zogen. Innerhalb der Themenbereiche wurde viel in Kleingruppen gearbeitet. Besonders bei aufwendigen Aktionen im Kreativbereich ist eine Kleingruppe von maximal 5 Kindern sinnvoll. Denn Krippenkinder benötigen vom Anziehen der Malkittel bis hin zum Händewaschen die Hilfe der Erzieherin.

Die Kleingruppen setzten sich immer wieder neu zusammen, um im Freispiel, im Garten, im Mal- und Matschraum und im Bewegungsraum aktiv zu werden. Einzig in der AbenteuerKinderWelt waren die Kinder in feste Gruppen eingeteilt. Diese fand einmal in der Woche statt, wobei sich deren Inhalt am Projektthema orientierte und darauf ausgerichtet war. Mehr zum „AbenteuerKinderWelt“-Konzept auf Seite 12.

Freispiel und Projektarbeit

Wie passt das zusammen?

Buchtipps

Als die Raben noch bunt waren
– von Carola Holland/Edith Schreiber-Wicke

Chamäleon Kunterbunt
– von Eric Carle

Hallo roter Fuchs
– von Eric Carle

Das kleine Blau und das kleine Gelb
– von Leo Lionni

Kennt ihr Blauland?
– von Tina Rau

Der alte Stiefel
– von Tina Rau

Mit Holzbausteinen Hundertwasser-Häuser bauen.

Das Freispiel bedeutet für das Kind, sich in einem bestimmten zeitlichen Rahmen frei entscheiden zu dürfen: ob allein oder in der Gemeinschaft, setzt es sich aktiv mit Gegenständen oder Spielideen auseinander.

Es handelt sich hierbei um ein spontanes Tätigwerden des Kindes, einhergehend mit der zurückhaltenden Unterstützung des Erziehers/der Erzieherin. Das heißt also, dass das Projektthema sich in einer gut vorbereiteten Spielumgebung wiederfinden muss.

Farben begegnen den Kindern im gut vorbereiteten Gruppenraum in vielfältiger Weise:

- Beim Spielen mit bunten Holzbausteinen - "Wir bauen ein Haus von Friedensreich Hundertwasser nach"
- Beim Hantieren mit dem Kochgeschirr aus der Puppenküche - "Willst Du den gelben oder den roten Topf?"
- Beim Bauen mit Duplosteinen - "Das wird ja ganz bunt"
- Beim Betrachten eines Bilderbuches zum Thema Farben uvm.

Im Freispiel können auch erste kleine **Regelspiele** angeboten werden:

- Dafür eignen sich etwa „Quips“, „Colorama“, „Tempo, kleine Schnecke“, Farbsteckspiele und Farbwürfelspiele.

Oder bieten Sie den Kindern eine gezielte **Bilderauswahl**:

- Viele Bilderbücher gibt es in Bibliotheken auch in Form von Dias zu leihen - eine tolle Möglichkeit, allen die Bilder nahe zu bringen und dazu vorzulesen.
- Wir haben Bilder von F. Hundertwassers Werken einlaminiert und sie den Kindern zum freien Betrachten zur Verfügung gestellt.

Durch das Spielangebot und sprachliche Begleitung können Kinder im Freispiel an Farben herangeführt werden.

Morgenkreis

Kunterbunte Spielideen

Jedes Kind darf sich etwas aus der grünen Morgenkreiskiste nehmen

Nach dem morgendlichen Freispiel bietet sich der Morgenkreis als Übergang zum gemeinsamen Frühstück an.
Alle Kinder und Erzieher/innen finden sich im Nebenraum ein und nehmen im Stuhlkreis oder auf bereitgelegten Sitzkissen Platz. Auch der Morgenkreis kann sich am Projektthema ausrichten. Erzieher/innen können die Inhalte im Wechsel gestalten. Dabei ist es wichtig, immer wiederkehrende Elemente, wie das Begrüßungslied oder das Schlusslied, beizubehalten. Diese Rituale sind eine wichtige Orientierungshilfe für die Kinder und geben ihnen Sicherheit.

Natürlich muss sich der Morgenkreis vorrangig an den Bedürfnissen der Kinder orientieren - ein Geburtstag oder andere wichtige Ereignisse dürfen nicht übergangen werden.

Der Morgenkreis sollte auch nicht nur rein organisatorischen Zwecken dienen - er soll die Kinder verzaubern und eine besonders schöne Stimmung ausstrahlen. Wir haben z.B. Farbkisten vorbereitet - Tücher, Naturmaterialien, auch Mitgebrachtes von den Eltern und Kindern etc. fanden darin Platz.

Daneben eignen sich auch Lieder, Fingerspiele, Zuordnungspiele, Geschichten, Klatschverse oder Bewegungsspiele, um den Morgenkreis interessant zu gestalten. Sie finden unsere Ideen dazu auf den nächsten Seiten.

Folgende Aktivitäten sind geeignet für den Morgenkreis:

Begrüßungslied:
„Hallo guten Morgen, hallo guten Tag - ich schenke dir ein *Händeklatschen*, weil ich dich mag."

Fingerspiel: Vier bunte Luftballons

Jeder Finger erhält eine Farbe, **rot**, **grün**, **gelb** und **blau**, der Daumen bleibt frei

Vier **kunterbunte** Luftballons,
die tanzten frisch und frei.
Ein Spatz mit spitzem Schnäbelein
der pickte in den **roten** rein.
(Der rote Finger versteckt sich)
Knallbum- war er entzwei.

Drei **kunterbunte** Luftballons,
die tanzten frisch und frei.
Ein Specht mit spitzem Schnäbelein
der pickte in den **gelben** rein.
(Der gelbe Finger versteckt sich)
Knallbum- war er entzwei.

Zwei **kunterbunte** Luftballons,
die tanzten frisch und frei.
Ein Storch mit spitzem Schnäbelein
der pickte in den **blauen** rein.
(Der blaue Finger versteckt sich)
Knallbum- war er entzwei.

Ein **kunterbunter** Luftballon,
der tanzte frisch und frei.
Ein Fink mit spitzem Schnäbelein
der pickte in den **grünen** rein.
(Der grüne Finger versteckt sich)
Knallbum- war er entzwei.

Da kam der kleine Doppeldick.
Als er den Schaden sah,
fing er sogleich zu pusten an,
(Der Daumen wird hochgehalten,
das Kind pustet auf die anderen Finger)
und es dauerte nicht lang,
da waren alle wieder da.
(Die Farbfinger tanzen auf und ab)

Hände erzählen Geschichten und werden in Kinderaugen lebendig

Morgenkreis

Noch mehr kunterbunte Spielideen

Zuordnungsspiele

Kinder unter drei Jahren gehen gerne auf die Suche. Im Gruppenraum können sie Gegenstände mit bestimmter Farbe finden, benennen und zuordnen.

Wir haben außerdem Bilder von allerlei farbigen Dingen (z.B. Nahrungsmittel, Blume, Gegenstand) ausgedruckt und laminiert. Die Kinder sollte die Sachen benennen und zuordnen.

Beispiele:
Grün: Gurke, Baum, Wiese, Blätter
Rot: Tomate, Rose, Abendrot, Ampel
Gelb: Banane, Narzisse, Sonne, Warnweste
Blau: Blaubeeren, Enzian, Himmel, Auto

Rot war sehr beliebt

Gleiche Formen – andere Farben: Hier fordert das Zuordnen genaues Hinsehen

Kinder unter drei Jahren lieben es, Dinge zu sortieren!

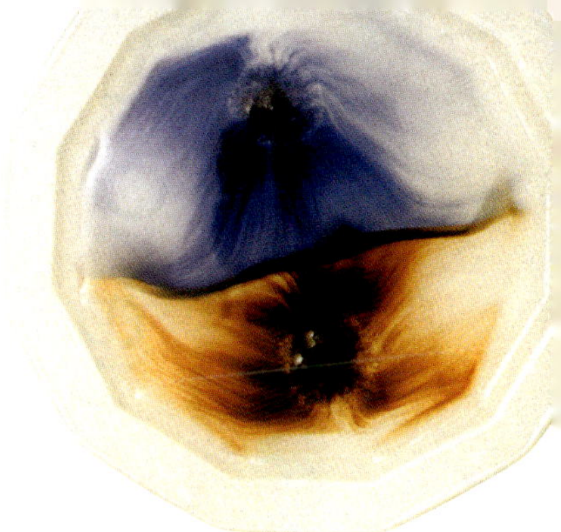

Fließende Farben
im Zuckerteller

Klanggeschichten

Beispiel:

„Immer wenn die Glöckchen klingeln, sich die gelben (blauen, roten, grünen) Schlangen ringeln."

Rhythmische Klatschverse

Beispiel:

„Das rote Fähnchen will im Winde weh'n
und sich gerne auch mal dreh'n.
Doch geht der Wind auch mal fort,
steht das rote Fähnchen fest am Ort.
Es wartet bis er wieder braust,
dann legt es los und saust."

Bewegungsspiele

Beispiel:

„Ich fahr mit meinem Rennauto durch die weite Welt,
ich fahr mit meinem Rennauto, wohin es mir gefällt.
Bei Ampel rot da bleib ich stehn, bei Ampel grün
kann's weiter gehn.
Ich fahr mit meinem Rennauto durch die weite Welt."

„Ich bin die kleine Hexe und trag nen' roten Hut,
ich reit auf meinem Besen, der Hut der steht mir gut.
Hei hopp hopp, hei hopp hopp ..."

Zuckerteller - Experiment

Tröpfelt man auf einen mit Zucker gefüllten Teller Lebensmittelfarbe, kann man effektvolle Farbenverläufe bewundern.

Experimente mit Farben

Experimente sind immer etwas Besonderes. Sie laden zum Beobachten und Staunen ein und legen gleichzeitig die Grundlage für physikalische Vorgänge und Zusammenhänge. Spielerisch vermitteln sie Kindern so eine Vorstellung von Farbwirkungen, Farbverläufen, Farbelementen uvm.

Wattebauschexperimente

In bereitgestellte Schälchen können Kinder Wattebauschen in eingefärbtes Wasser tauchen. Die Kinder beobachten konzentriert und fasziniert, wie sich der Wattebausch vollsaugt.

Bewegungsspiele mit „bunten"
Geschichten im Morgenkreis

Kleine Farbexperimente mit Watteballchen

AbenteuerKinderWelt

Stundengestaltung mit System

AbenteuerKinderWelt ist ein speziell entwickeltes Konzept für die ganzheitliche Förderung der Kinder im Alter zwischen 8 Monaten und 3 Jahren.

Altersgerecht und spielerisch werden gezielt Sinne und Kompetenzen in der wöchentlichen AbenteuerKinderWelt–Zeit angesprochen. In dieser Zeit ist der Ablauf klar strukturiert. Rituale leiten die verschiedenen Abschnitte ein. Die Kinder gewinnen so die Sicherheit, die sie brauchen, um die neuen Anregungen aufzunehmen und zu verarbeiten.

Die Fähigkeit genau hinzuhören, Stimmungen von Musik zu erspüren und Laute unterscheiden zu können, sind wichtige Bausteine für die Entwicklung der sozialen Kompetenz.

Erzieher/in und Kinder nehmen gemeinsam Dinge aus Natur und Umwelt wahr, schauen, fühlen, schmecken und riechen. Sie erzählen mit ihren Fingern und ihrem Körper Geschichten, spielen mit Sprache und hören viele Reime.

Sie singen, tanzen, bewegen sich im Raum und wiegen sich. Sie spüren Klängen nach und musizieren selbst mit Kleininstrumenten. Sie hören sich Musikstücke an und hören die Stille. Musik und Tanz, Kunst und Kreativität, Erfahrung von Einzel- und Gruppenerlebnissen, Klarheit und Struktur, Momente der Konzentration und Stille, Erwerb von neuem und alten Liedgut - all das bietet dieses Konzept.

Seit Januar 2006 ist das AbenteuerKinderWelt-Konzept in unsere pädagogische Arbeit integriert. Die AbenteuerKinderWelt-Einheiten finden – nach Alter getrennt - in Kleingruppen von je 3-5 Kindern statt.

Die AbenteuerKinderWelt–Zeit sticht durch ihre besondere Gestaltung aus dem Krippenalltag heraus.

Beispiel für eine Stundenplanung
Eine AbenteuerKinderWelt-Stunde beginnt und endet mit Ritualen. Der Hauptteil gliedert sich in einen Wahrnehmungs- und einen Kreativteil. Ideen für die Gestaltung dieser beiden Bereiche finden Sie auf den nächsten Seiten.

Bezeichnung der Einheit: z.B. Hundertwasser-Stunde
Material: Farbe, Schwämme, Bilder von Hundertwasser, Gemüsezwiebel
Requisiten: Fisch, Musikfreunde
CDs: Abenteuer Klassik, Euro Classics
Thema: Im Farbenrausch

Begrüßung mit dem Fisch (Ritual): „Guten Tag“
Begrüßunglied (Ritual): „Hallo guten Morgen...“
Fingerspiel: „Der rote, rote Papagei“
Wahrnehmungsteil: Farbtropfen im Wasserglas
Kreativteil: Weiße Fliesen mit Farbe bedrucken
Wechsel der Raumebene: „Alle Leut, alle Leut stehen jetzt auf ...“
Bewegungsspiel: „Ich bin die rote Hexe ...“
Wechsel der Raumebene: „Alle Leut, alle Leut setzen sich hin ...“
Musik hören und Stille wahrnehmen: Träumerei von Robert Schumann
Entspannung (Ritual): „Die Engel werden geschaukelt ...“
Abschiedsritual: „Unsere Stunde ist jetzt aus ...“

Fingerspiele, Lieder, Klanggeschichten, die in der AbenteuerKinderWelt eingeführt werden, finden ihren Platz auch im allgemeinen Miteinander in der Kinderkrippe, sei es im Freispiel, im Morgenkreis, bei den Mahlzeiten, auf dem Spaziergang oder während der Wickelzeiten.

Lieder, die im Projektzeitraum in der AbenteuerKinderWelt-Einheit gesungen wurden:
„Bunt, bunt, bunt sind alle meine Kleider …"
„Ich schenk Dir einen Regenbogen …"

Das Farbenlied

Rot, rot, rot sind die süßen Kirschen.
Rot, rot, rot ist der schöne Mohn.
Rot, rot, rot sind noch viele Dinge.
Wer kennt mehr? Es ist gar nicht schwer.

Blau, blau, blau strahlt der Sommerhimmel.
Blau, blau, blau blüht der Enzian.
Blau, blau, blau sind so viele Dinge.
Wer kennt mehr? Es ist gar nicht schwer.

Grün, grün, grün ist die Blumenwiese.
Grün, grün, grün ist der Blätterbaum.
Grün, grün, grün sind noch viele Dinge.
Wer kennt mehr? Es ist gar nicht schwer.

Gelb, gelb, gelb ist die schöne Sonne.
Gelb, gelb, gelb leuchtet nachts der Mond.
Gelb, gelb, gelb sind noch viele Dinge.
Wer kennt mehr? Es ist gar nicht schwer.

Fingerspiele, die im Projektzeitraum in der AbenteuerKinderWelt Einheit gepielt wurden:

Vier bunte Luftballons
(siehe Seite 9)

Der rote Papagei
Der **rote**, **rote** Papagei
der macht ein fürchterlich Geschrei.
Den Schnabel auf, den Schnabel zu.
Wie heißt du Freundchen: Kakadu!

Im Bereich **„Musik hören und Stille wahrnehmen"** wird in jeder Einheit ein klassisches oder instrumentales, ruhiges Musikstück gehört.

Basteltipp zum Fingerspiel „Der rote Papagei":

Einen roten, gelben etc. Schnabel aus Tonpapier basteln, über Daumen und Zeigefinger stecken, dazu noch die passend farbige Feder (befestigt an einem Ring aus Pfeifenputzerdraht) und über den Zeigefinger ziehen, fertig ist der Papagei.

Tipp zum Bereich „Musik hören und Stille wahrnehmen"
Beispiele hierfür können sein:

Danse Napolitaine
- von P.J. Tchaikovsky

Donauwalzer
- von J.B. Strauss

Eine kleine Nachtmusik
- von W.A. Mozart

Humoreske *- von A. Dvorak*

Morgenstimmung
- von E. Grieg

Träumerei
- von R. Schumann

Wassermusik
- von G.F. Händel

Je nach Projektthema werden sich unterschiedliche Teile der AbenteuerKinderWelt besonders anbieten. Das ist beispielsweise für ein Projekt, das sich mit Musik beschäftigt, folgerichtig der Lieder-, Wahrnehmungs- und Musikteil. Und so liegt es in der Natur der Sache, dass besonders im Kreativteil der AbenteuerKinderWelt das Projektthema - Kunst und Farbe in der Kinderkrippe - gut umzusetzen war. Einige der Aktivitäten zogen sich über mehrere Einheiten hin, andere wiederum beanspruchten nur einen kurzen Zeitrahmen.

Kreativitätsförderung

Altersgerechte Erfahrungsangebote

Farbkarten-Mobiles

Bunte Farbkarten

Tupfen mit verschiedenen Materialien

Es entsteht ein visueller Rhythmus

Beim Auseinanderziehen der Karten bildeten sich interessante Strukturen.

Die Kinder waren konzentriert und fasziniert bei der Sache.

Materialien

Weiße Karten aus festem Karton, Farben (rot, gelb, blau und grün), Pinsel, Schwämme, Korken, schwarzer Pappkarton, Kleber, Fäden, Perlen

Arbeitsschritte

1. Karten bemalen oder bedrucken: pro Einheit wurde nur die Farbe zum Malen verwendet, welche in dieser Stunde den Kindern nahe gebracht wurde
2. Als weitere Variante Kopie herstellen: weiße Karte auf bemalte Karte legen, fest andrücken und wieder auseinanderziehen
3. Getrocknete Farbkarten wurden teils von den Kindern, teils von der Erzieherin zusammengestellt und arrangiert – als Bilder oder Mobiles

Technik

Arbeiten mit Pinsel, Schwämmen und Korken, Kleben und Auffädeln

Unsere Künstler

Benjamin 2,3 Jahre; Charlotte 2,1 Jahre; Gina 1,6 Jahre; Frieda 1,10 Jahre; Joel 2,6 Jahre; Klara 1,11 Jahre; Laura 2,3 Jahre; Lieselotte 1,11 Jahre, Lilly 1,8 Jahre; Lina 2,4 Jahre; Marie 2,0 Jahre; Max 2,7 Jahre; Noah 1,3 Jahre; Timon 2,9 Jahre; Toni 2,9 Jahre

Wollkordeldruck

Materialien
Weißes Papier, dicke Wollkordel, Farbe (rot, gelb, grün, blau), großer Pappkarton

Arbeitsschritte

1. Bemalen der Wollkordel mit Farbe oder eintauchen der Wollkordel in Farbe
2. Farbige Wollkordeln auf eine Hälfte des Papiers legen, andere Hälfte zum Abdrucken darüber legen
3. Pappkarton auf das Papier legen und pressen, damit die Farbe auf das Papier gedruckt wird

Technik
Arbeiten mit Pinsel und Händen

Der gemeinschaftlich erstellte Wollkordeldruck regte alle zu vielfältigen Interpretationen an

Bild aus Märchenwolle

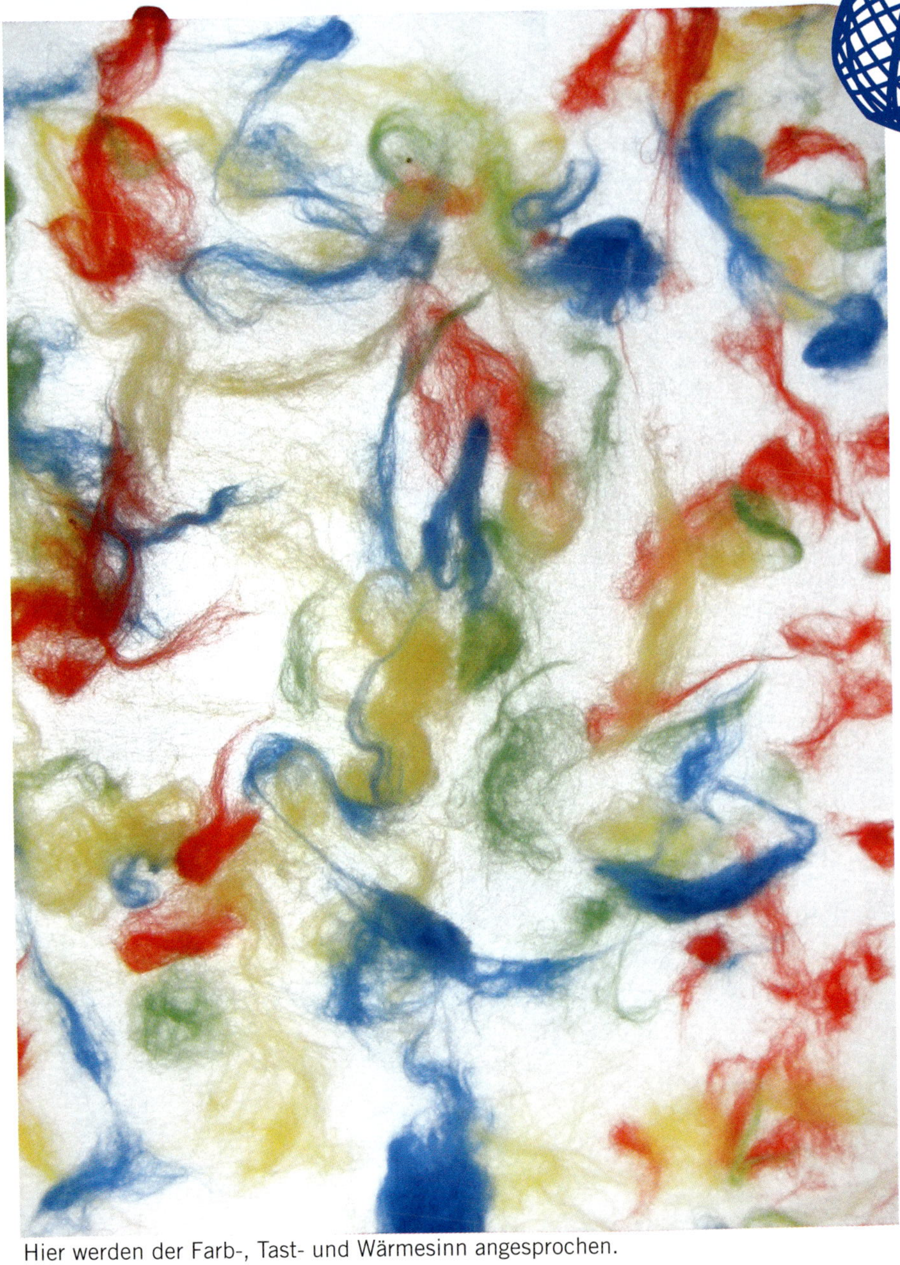
Hier werden der Farb-, Tast- und Wärmesinn angesprochen.

Materialien
Märchenwolle in den Farben **rot**, **gelb**, **blau** und **grün**, große Filzplatte

Arbeitsschritte
1. Betrachten und Befühlen der Märchenwolle, Farben benennen
2. Auseinanderziehen der Wollstränge zu feinen Fäden
3. Anbringen der Wollfäden auf die Filzplatte

Technik
Arbeiten mit den Fingern

Die sogenannte Märchenwolle wird immer mehr im pädagogisch-therapeutischen Umfeld verwandt. Es handelt sich um ungesponnene, gefärbte Wolle: ein weiches, zartes Material, dass durch tausend Fäden Benutzer und Betrachter verzaubert.

Hundertwasserfenster auf weißen Fliesen

Materialien
Weiße Fliesen, schwarzer Edding permanent,
Mosaiksteine, farbiger Bastelsand,
doppelseitiges Klebeband
Variante 2 für kleinere Kinder: Farbe, Pinsel

Vorarbeit
Auftragen der Fensterumrisse und
des Klebebandes durch die den/die Erzieher/in

Arbeitsschritte
1. Folie des Klebebandes von den Kindern abziehen lassen
2. Mosaiksteine auf die Klebefläche setzen
3. Lücken bzw. Fugen mit farbigen Bastelsand füllen

Variante 2 für kleinere Kinder: Fenster vorab mit Papier abdecken, Fenster mit Farbe ummalen/umtupfen

Die Kleineren tupfen mit Fingern oder Pinsel

Technik
Arbeiten mit den Fingern,
Arbeiten mit Pinsel

Die Arbeit mit Fliesen bildet einen totalen **Kontrast** zur Verwendung von Märchenwolle:
Die Farbe trifft hier auf eine glatte, harte, kalte, klar strukturierte Oberfläche.

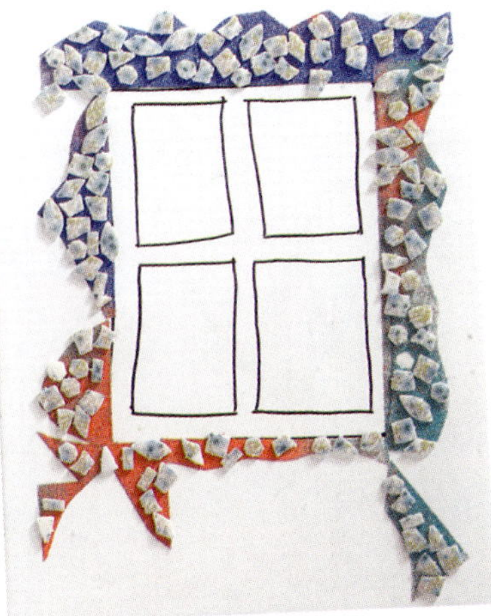

Je nach Alter konnten die Kinder unterschiedliche Gestaltungstechniken anwenden.

Hundertwasserhäuser
Zwiebeldruck auf weißen Fliesen

Materialien
Weiße Fliesen, Schwämme, Farbe, Gemüsezwiebel, Pinsel, Messer

Arbeitsschritte
1. Betrachten verschiedener Bilder von Friedensreich Hundertwasser
2. Bedrucken der Fliesen mit Schwämmen in verschiedenen Farben
3. Gemüsezwiebel halbieren (Erzieher/in) und mit schwarzer Farbe bemalen, die Zwiebelturmspitze drucken

Technik
Arbeiten mit Schwämmen, Drucken mit halbierter Zwiebel

Bei dieser neuen Technik blieb die weiße Fliese als bekanntes Untergrundmaterial: Die Kinder hatten bereits im Vorfeld damit gearbeitet (siehe Hundertwasserfenster) und wussten so um deren Beschaffenheit. Vielen war die Druck- oder Stempeltechnik auch von industriellen Stempeln oder vom Kartoffeldruck her bekannt. So bildete die Materialienwahl - einfacher Schwamm und Zwiebel - zusammen mit der Gestaltungsvorgabe das neu hinzukommende Element, auf das sich die Kinder konzentrieren konnten.

Laminierte Bilder zur Inspiration

Selbstständiges Arbeiten

Das farbenfrohe Werk!

Hundertwasserhaus aus Holz mit Pappmachee-Zwiebelturmspitze

Materialien
Vierkanthölzer, Farbe, Pappmachee, Pinsel, Klarlack

Vorarbeit
Vierkanthölzer zusägen, Pappmachee aus Eierkartons, Kleisterpulver und heißem Wasser (Erzieher/in) herstellen

Arbeitsschritte
1. Anmalen der Vierkanthölzer mit einer frei gewählten Grundfarbe
2. Nach dem Trocknen weiteres Bemalen mit verschiedenen Farben
3. Formen der Zwiebelturmspitze aus Pappmachee
4. Bemalen der getrockneten Zwiebelturmspitze
5. Befestigen der Zwiebelturmspitze, anschließend fertiges Haus mit Klarlack lackieren (Erzieher/in)

Technik
Arbeiten mit dem Pinsel, freies Formen mit den Händen. Hier wurde ein neuer Maluntergrund eingeführt: Holz nimmt die Farbe ganz anders auf als die zuvor verwandten Fliesen. Als bekanntes Element blieb das Thema „Hundertwasserhaus mit Zwiebelturmspitze“. Doch jetzt hatten die Kinder es mit einem ersten 3D-Objekt zu tun.

Farbauftrag auf verschiedene Materialien.

é voilà: der Hundertwasser Zwiebelturm von Laura, 2,3 Jahre!

Kleister-Sand-Relief

Materialien
Kleine Pappschachteln, Kleister, Sand, Farbpulver in den Farben rot, gelb, grün und blau, Löffel oder kleine Schaufeln, Mosaiksteine, Perlen u.ä.

Vorarbeit
Kleister anrühren (Erzieher/in)

Arbeitsschritte
1. Angerührten Kleister mit Sand vermischen
2. Kleister-Sand-Gemisch mit Farbpulver einfärben
3. Einfüllen der Kleister-Sandmasse in die Pappschachteln
4. Verzieren mit Perlen und Mosaiksteinen

Technik
Arbeiten mit Händen und Löffel

Kinder fasziniert das Spiel mit Sand - besonders in Verbindung mit Wasser. Hier kommt auch noch Farbe ins Spiel - für ein buntes Vergnügen.

Die fertigen Kleister-Sand-Relief-Kunstwerke

Kleister mit Sand vermischen und einfärben

Die Verzierung fördert Konzentration und Feinmotorik

Aquarell-Technik

Materialien
Aquarellpapier, Schwämme, Wasser, Pinsel, dünnflüssige Farben

Arbeitsschritte
1. Papier mit nassen Schwämmen anfeuchten
2. Farbe mit Pinsel auf Papier auftragen oder tropfen lassen
3. Beim Einsatz von zwei Farben (Rot und Gelb) verlaufen die Farben ineinander und es entsteht eine neue Farbe (Orange)

Technik
Arbeiten mit Schwamm und Pinsel

Bei dieser Technik ist es weder möglich noch notwendig, den Farbverlauf exakt zu kontrollieren. Der Pinsel wird zum Zauberstab, der das Blatt nur kurz zu berühren braucht, um die Farbe in Bewegung zu bringen.

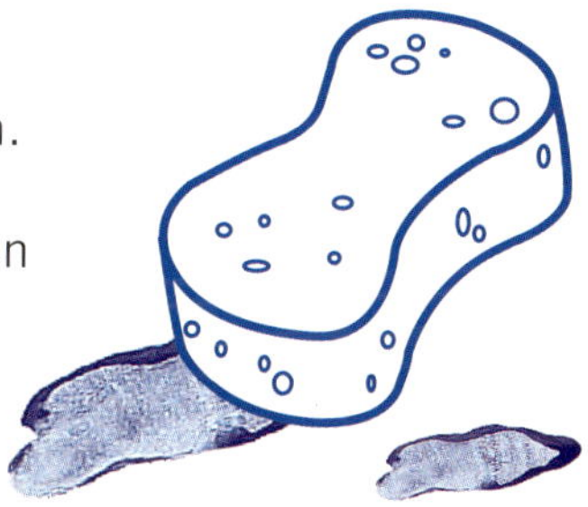

Im ersten Schritt wird das Aquarellpapier gewässert

Die Farbe findet ihren eigenen faszinierenden Weg

In jeder AbenteuerKinderWelt-Stunde nehmen wir uns die Zeit, eine Situation, ein Detail bewusst wahrzunehmen. Wir schauen, fühlen, riechen und schmecken. So wurden z.B. die Farben einzeln eingeführt, die Kinder konnten diese kennenlernen, betrachten, bestaunen, benennen und zuordnen. Zum Einsatz kamen die unterschiedlichsten Vorgehensweisen.

Wahrnehmungsförderung

Für kleine Forscher

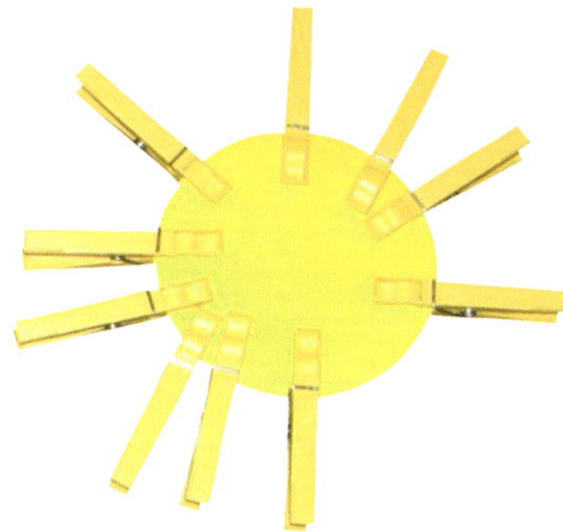

Kinder im Krippenalter beobachten immer häufiger und immer bewusster Zusammenhänge oder Unterschiede. Durch das Vergleichen und zueinander in Beziehung setzen entsteht ein strukturiertes, geordnetes Abbild der Umwelt im Innern des Kindes. Mit Alltagsgegenstände in den Farben **gelb**, **rot**, **grün** und **blau** wurden Zuordnungsspiele, z.B. mit Wäscheklammern gespielt. Im ersten Teil lenkt die Zuordnung der Klammern zum jeweiligen Farbkreis die Aufmerksamkeit auf die Farben und im zweiten Teil konzentrieren sich die Kinder auf das Anstecken der Klammern.

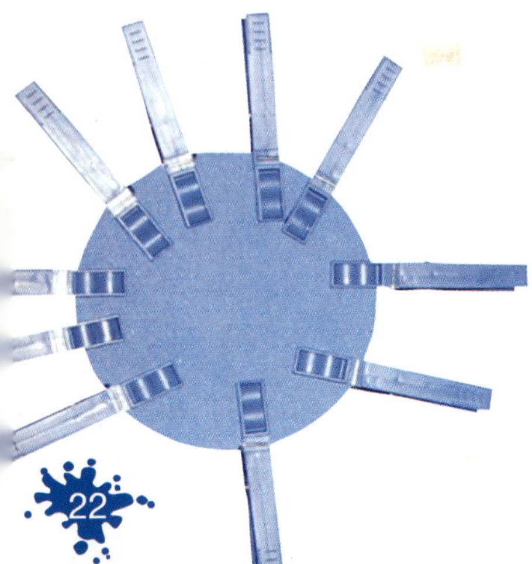

Farben bewusst entdecken: durch vergleichen und zuordnen

Vasenexperiment
Wir ließen die entsprechenden Farben in ein gefülltes Wasserglas tropfen und betrachteten staunend den Farbverlauf.

Als Variante kann man in eine Vase Öl dazu geben und die Kinder auch darin Farbe tropfen lassen - was wohl passiert?

Wir greifen die natürliche Neugier der Kinder auf und lassen sie die Dinge selbst ausprobieren und erforschen.

Friedensreich Hundertwasser

Wir stellen einen Künstler vor

„Malen ist träumen. Wenn ich male, träume ich. Wenn der Traum zu Ende ist, erinnere ich mich nicht mehr daran, was ich geträumt habe. Das Bild aber bleibt. Es ist die Ernte des Traumes."

F. Hundertwasser

Wer war Friedensreich Hundertwasser und was hat er gemalt?

Sind dies Fragen, mit denen sich bereits Krippenkinder auseinandersetzen können?
Wir sagen: Warum nicht!

Wir erzählten den Kindern, dass Hundertwasser ein Maler war, der es liebte, mit Farben zu experimentieren und zeigten ihnen die fantasievollen, farbenfrohen und bunten Bilder von ihm. Wie sehr diese Bilder die Kinder angesprochen haben, zeigte sich an der Ausdauer und Intensität mit der sie die Bilder betrachteten, die Farben benennen und sogar die Formen und Gesichter in den Bildern Hundertwassers erkennen konnten. Die einlaminierten Bilder von Hundertwasser standen den Kindern zur freien Verfügung und sie wurden im Freispiel gerne betrachtet. Fragten die Erzieher z.B. Timon nach dem Namen des Künstlers, verkündete er voller Stolz: Hundertwasser!

Die Kreativangebote auf den folgenden Seiten zum Künstler F. Hundertwasser wurden den Kindern außerhalb der AbenteuerKinderWelt angeboten.

Hundertwasserfenster

Gruppenprojekt auf Papier

Materialien
Pappkarton, weißes Papier, Farbe, Pinsel, Korken, Schwämme, Mosaiksteine, schwarzer Edding, Kleber

Vorarbeit
Pappkarton mit weißem Papier überziehen, Auftragen der Fensterumrisse

Technik
Arbeiten mit Pinsel, Finger, Schwämme und Korken

Nachdem die Kinder bereits auf Fliesen ein Hundertwasserfenster nachempfunden haben, war es nun an der Zeit, das Thema weiter zu entwickeln. Die Variation der verwendeten Materialien zusammen mit den Erfahrungen der letzten Zeit inspirierten die Kinder zu bunten Kunstwerken.

Drei Kinder gestalteten das 90 x 60 cm große Bild und alle freuten sich über das schöne Ergebnis.

Großes 3D-Haus mit Zwiebelturmspitze

Material
Großer Pappkarton, unendlich viele alte Zeitungen, ganz viel Kleister, Farben, Klebeband, Klarlack, große Pinsel, Farbrollen

Arbeitsschritte
1. Pappkarton mit viel Kleister und Zeitungspapier bekleben und somit verstärken
2. Aus viel zusammengeknülltem Zeitungspapier mit Hilfe von Paketklebeband eine Zwiebelturmspitze formen, diese auf dem Karton befestigen und mit Kleister und Zeitungspapier in Form bringen
3. Zum Schluss eine Schicht unbedrucktes Zeitungspapier darüber kleben
4. Das Haus mit gelber Farbe grundieren
5. Der eigentliche bunte Farbanstrich erfolgt mit roter, grüner, blauer, oranger und schwarzer Farbe
6. Nach dem Trocknen wird das Haus lackiert, damit es wetterfest ist

Den Grundkörper mit viel Kleister und Zeitungen bekleben

Erstes „Kunststudium“

Zeigen, wie man´s macht ...

Jetzt geht´s los

... und einfach mal machen lassen

Das Haus nimmt Gestalt an

Gestaltung für alle Sinne

Das kreative Gestalten des leuchtenden Hundertwasser-Hauses mit Zwiebelturmspitze

Jetzt kommt Farbe ins Spiel ...

mit Farbrollen

und mit Pinseln

Für die Kinder war es etwas Besonderes, echtes Malerwerkzeug benutzen zu dürfen. Die Geräte, wie z.B. ein langer Pinsel, forderten zum Malen in Bewegung auf - das brachte wortwörtlich Schwung in die Sache!

Die Kinder zeigten viel Ausdauer

Das fertige Haus strahlt Fröhlichkeit aus.

„Jeder Mensch, der geboren wird, hat ein unglaubliches Kapital an Kreativität, jeder Mensch, der geboren wird, ist mit dem Ursprung, mit dem Kosmos verbunden. Er ist quasi noch im Paradies. Das ist ein Garten Eden von unglaublichem Ausmaß, eine Unendlichkeit, so unendlich wie der Sternenhimmel ist. Jeder Mensch ist so verschieden von den anderen wie ein Stern vom anderen."

F. Hundertwasser

Inspirierende Literatur - auch für die Eltern

Buchtipps:

AbenteuerKinderWelt
– Elternhefte 1 und 2 für Krippe und Kindergarten

Bausteine Kindergarten 03/2008: So bunt wie unsere Welt - Kunst im Kindergarten

Die Kunst-Ideen-Kiste
- von Kohl/Slyke/Schmelzer

Hundertwasser, der Maler
- von H. Rand

Hundertwasser, Diary
- von H. Rand

Kita-Praxis: Bildung. Kreativität
- von Brown/Berghoff

Kleinkinder in ihrer Kreativität fördern
- von Wilmes/Mielenhausen/ Wrede von Herder

Mein Kunst-Malbuch: Phantasiereisen mit Hundertwasser
- von Kutschbach/Schmölzl

Mit Kindern kreativ durch´s Jahr
- von M.F. Kohl

Pampers, Pinsel und Pigmente
- von A. von der Beek

Träume ernten - Hundertwasser für Kinder
- von Stieff/Hundertwasser

Mal- und Matschraum

Im Land der Farben

Beim Malen wird den Kindern Freiraum für spielerischen und kreativen Umgang mit Vorstellungen, Ideen und Materialien gegeben. Nicht Gleichmacherei, sondern individuelle Arbeiten sind wichtig. „Ich habe etwas alleine angefertigt." Das sichtbare, bleibende Ergebnis fördert das Selbstbewusstsein der Kinder. Jeder neue Schritt, jede neu erlangte Fertigkeit ist wichtig.

Erziehung in der Krippe sollte das Kleinkind in seiner naturgegebenen kreativen Neugier unterstützen. Wenn Kinder sich mit allen Sinnen mit einem Material beschäftigen, es untersuchen und nach eigenem Willen (um-)gestalten, wenn sie *malen, formen, matschen,* sind sie meist besonders entspannt und versinken in ihrem Tun.

Kreativität schenkt Glücksgefühle, Selbstwert und Lebensfreude. Der Prozess des Gestaltens ist wichtiger als das Ergebnis.

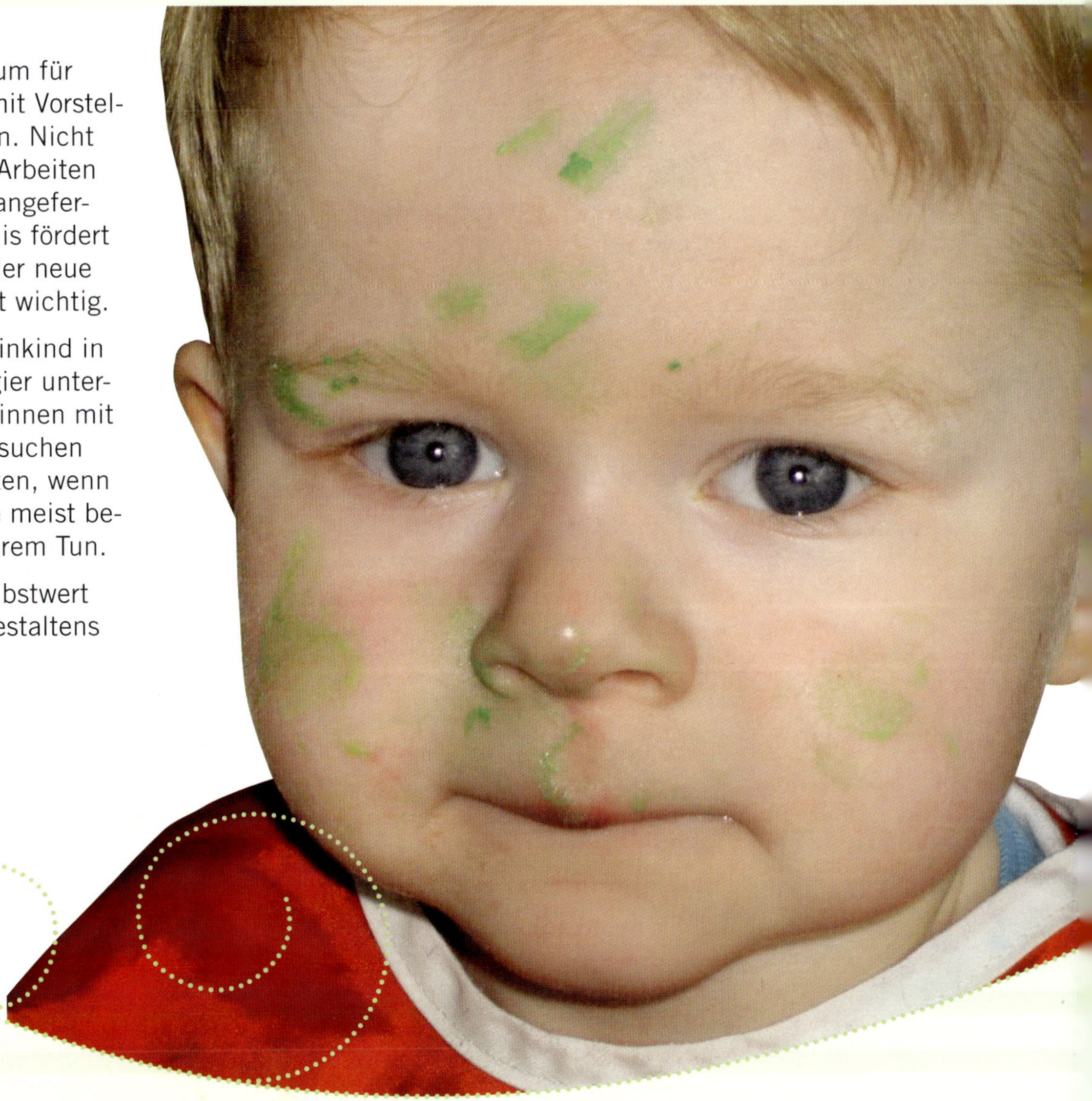

Gemeinsames Gestalten

Ausdrucksmöglichkeiten einer Farbe erproben

Farben und Strukturen
mit natürlichen
Materialien entdecken

Bewegungsraum

Fantasievolle Farbenspiele

Was wären Kinder ohne Bewegung?

Für Kinder hat Bewegung eine wichtige Bedeutung, da sie sich über die Bewegung ihre Welt erschließen. In die Welt der Bewegung lässt sich die Begegnung und Auseinandersetzung mit den Farben sehr gut integrieren.

So gibt es unzähliges Material für die Bewegungsstunden, welches bereits in den Farben **Rot**, **Blau**, **Gelb** und **Grün** gestaltet ist. Schnell lassen sich einfache Spiele wie „Feuer, Wasser und Luft" in Farbenspiele umwandeln.

Ideenpool

- Ampelspiele (siehe Seite 11)
- Zuordnungsspiele (z.B. Gegenstände auf Schwungtuch)
- Regenbogentanz (mit bunten Chiffontücher)
- Farbmandala legen (mit Tüchern, bunten Bierdeckeln)
- Farbwürfelspiele (mit großem Schaumstoffwürfel)
- Bewegungslieder („Jetzt steigt Hampelmann aus seinem roten Bett heraus...")
- Entspannungsgeschichten (Hauptmotiv eine Farbe)

Zuordnungs- und Bewegungsspiele
mit einfachen geometrischen Formen

Bewegungstunde mit farbenfrohem Material und kreativen Spielen

Unsere Welt ist voller Farben

Die Farben in unserer Umwelt aufmerksam beobachten

Kinder erleben Natur und den Wechsel der Jahreszeiten mit all ihren Sinnen. Diese Erfahrungen sollten sie so oft wie möglich genießen. Und auch hier treffen wir immer wieder auf Farben.

Für uns und die Kinder bedeutet dies: aufmerksam zu sein, genau zu beobachten und darauf hinzuweisen, was es in unserer Umwelt alles zu entdecken gibt.

Im Garten können Kinder folgende Eindrücke gewinnen:

- es ist schön im Sommer die Sonne zu spüren, die Sonne ist warm und **gelb**
- es macht Spaß mit dem Bobbycar durch den Garten zu flitzen – das Bobbycar ist **rot**
- spielen mit der Wasserbahn macht Freude – die Wasserbahn ist **blau**
- hüpfen auf dem Pferdchen durch den schönen Garten ist lustig – das Pferdchen ist **grün**

Das Spiel mit der **blauen** Wasserbahn begeistert alle

Das Fahren mit dem **roten** Bobbycar macht jedem Spaß

Ausgestattet mit einer Digitalkamera machten wir uns auf den Weg, unsere Umgebung während unserer Ausflüge zu entdecken und alles zu fotografieren was **rot**, **gelb**, **blau** und **grün** ist.

Wir sahen viele alltägliche Dinge mit anderen Augen und staunten, wie oft wir den Farben begegneten, mit denen wir uns gerade zu diesem Zeitpunkt beschäftigten.

In der natürlichen Umgebung suchen wir alle gelernten Farben

Dokumentation

Projektarbeit festhalten und sichtbar machen

Eine gute Projektdokumentation bietet sowohl Eltern der Projektkinder als auch Eltern von neu aufzunehmenden Kindern einen guten Einblick in die Arbeitsweise der Erzieher/innen. Außerdem hält ein Projektordner Erinnerungen fest und kann später als Leitfaden für ein neues Projekt herangezogen werden.

Wir haben unsere Aktivitäten über den gesamten Projektzeitraum für die Eltern transparent gemacht. Die Bilder, Häuser, Wandgemälde fanden ihren Platz im Gruppenraum und im Foyer.

Durch den ebenfalls ausgestellten Projektordner konnten interessierte Eltern das Geschehen nachvollziehen. Auf einem Elternabend wurde eine PowerPointPräsentation zum Thema Kreativität vorgeführt. Einen kleinen Einblick in unsere Projektarbeit erhielten die Eltern darüber hinaus noch über den Videofilm „Ein Blick durch's Schlüsselloch".
Dieser zeigt Ausschnitte unserer Arbeit mit den Kindern.

Zu guter Letzt trägt dieses kleine Buch dazu bei, anderen Interessierten unsere Arbeit vorzustellen und ihnen Mut zu machen.

Erinnerungen festhalten - Geschehenes transparent machen

Projektabschluss

Ein farbenfrohes Fest

Jedes Projekt sollte einen konkreten Anfang und Abschluss haben. So kann man die Zeit Revue passieren lassen und Kraft, Energie und Verbesserungsvorschläge für eine neue Projektarbeit sammeln. Zum Abschluss des Projektes „Im Farbenrausch“ haben wir gemeinsam mit den Kindern ein Farbenfest gefeiert. Jeder war in einer der Farben **rot**, **gelb**, **grün** oder **blau** gekleidet.

Zu Beginn gab es ein farbenfrohes Frühstück mit roter Marmelade und Äpfeln, gelben Bananen und Paprika, grünen Gurken und blauen Weintrauben etc.
Im Anschluss sangen und spielten wir noch einmal die Lieder, Fingerspiele und Bewegungsspiele, die wir im Laufe der Zeit kennen gelernt haben. Alle hatten viel Spaß an diesem kunterbunten Abschluss.

W

Far

Dami rdern Sie die differenzierte Wahrnehmung von Farben mit allen Sinnen auf besonders kreative Art. Bereiten Sie das Frühstück gemeinsam mit den Kindern vor:

Einfach eine Farbe wählen und dazu die passenden Speisen, Getränke usw. zusammenstellen. Natürlich gehört ein schön gedeckter Tisch mit Porzellangeschirr und farblich abggestimmter Dekoration dazu.

Reflexion

Welche Auswirkungen hatte der „Farbenrausch“?

Blickt man zurück auf die eingangs erwähnten Ziele, so muss man sagen, dass die Projektarbeit unsere Erwartungen sogar noch übertroffen hat:

Kinder in und nach dem „Farbenrausch“
Während des Projektes haben die Kinder eine Vielfalt an Materialien und Mal- und Gestaltungstechniken kennengelernt. Sie haben geübt, Herausforderungen standzuhalten und mit Aufgaben umzugehen, die im ersten Moment (zu) schwierig erschienen. Die differenzierte Wahrnehmungsschulung von Farben erweiterte ihren Wortschatz und festigte die Farberkennung und Zuordnung.

Erzieherinnen in und nach dem „Farbenrausch“
Durch das Projektthema haben sich die Erzieherinnen intensiv mit den Bereichen Kreativität, Kunst und Farben auseinander gesetzt. Die Projektarbeit hat allen bewusst gemacht, dass wir mehr Vertrauen in die Fähigkeiten der Kleinsten setzen sollten und die Kinder nicht unterschätzen oder unterfordern dürfen. Die intensive Vorbereitungs- und Reflexionszeit vermittelte auch eine Menge Stolz und tiefe Befriedung, pädagogisch so wertvolle Arbeit zu leisten.

"Ich brauchte vier Jahre, um wie Raffael zu malen, aber ein Leben lang, um wie ein Kind zu malen."

Pablo Picasso

Eltern in und nach dem „Farbenrausch"

Die Eltern reagierten durchweg alle sehr positiv und waren stolz auf ihre kreativen Kinder. Sie waren an allen Tätigkeiten sehr interessiert und unterhielten sich angeregt vor den Plakaten: Sie waren froh und dankbar über den arbeitsintensiven pädagogischen Ansatz und das Engagement der Erzieherinnen. Einige Kinder besuchen mittlerweile den Kindergarten und die Eltern erzählten, dass die dortigen Erzieherinnen erstaunt waren, wie sicher die „Kleinen" die Farben schon benennen konnten.

Fazit

Das Projekt „Im Farbenrausch" hat uns alle um viele Erfahrungen bereichert und „nach vorne gebracht". Es erforderte viel Kraft und Arbeit, doch der Stolz, die Freude und das Vorankommen der Kinder wogen das alles auf.

**„Die Samen, die gesät wurden,
sind aufgegangen und tragen reichlich Früchte!"**

Wir können alle Erzieherinnen und Erzieher nur empfehlen, in diese Projektarbeit einzusteigen und den „Farbenrausch" in vollen Zügen zu genießen. **Wir hoffen, mit diesem Buch Mut zur Projektarbeit mit Kindern unter 3 Jahren gemacht zu haben.**

Beatrix Hirsch wurde am 20.09.1961 in Gütersloh/Westfalen geboren und ist seit 1981 ausgebildete Erzieherin. Sie hat drei mittlerweile erwachsene Kinder. Als diese noch kleiner waren, arbeitete Beatrix Hirsch als Tagesmutter - insgesamt 10 Jahre lang. 2004 kam sie nach Bad Rodach, um die Kinderkrippe der HABA-Firmenfamilie Luise Habermaaß mit aufzubauen. Seither ist sie dort als leitende Erzieherin tätig. Sie legt großen Wert auf Weiterbildungsmaßnahmen und ist selbst seit 2005/2006 ausgebildete AbenteuerKinderWelt-Kursleiterin und seit 2007/2008 Motopädagogin.

Projektarbeit ist für Beatrix Hirsch ein wichtiges Mittel, Kinder schon im Krippenalter angemessen zu fördern und ihnen mehr zuzutrauen. Dafür gibt sie den Kindern die Zeit, die sie für ihre individuellen Entwicklungsfortschritte brauchen. Von Anfang ihrer Ausbildung bis heute stellt sie ihre Arbeit unter die indische Lebensweisheit:

"Sind die Kinder klein, müssen wir ihnen helfen, Wurzeln zu fassen. Sind sie aber groß, müssen wir ihnen Flügel schenken."